DES DROITS

POLITIQUES

DES COLONS

ET DES

HOMMES DE COULEUR.

PAR **B.-J. LEGAT**,

AVOCAT A LA COUR ROYALE DE PARIS.

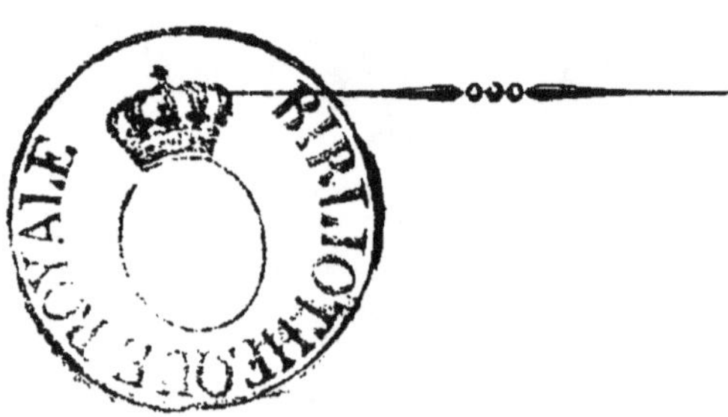

PARIS.

CHEZ LES MARCHANDS DE NOUVEAUTÉS.

—

1831.

IMPRIMERIE DE DUCESSOIS,

QUAI DES AUGUSTINS, 55

DES DROITS POLITIQUES
DES COLONS
ET DES
HOMMES DE COULEUR.

La France porte, en ce moment, ses regards sur les colonies; elle s'inquiète des mouvemens insurrectionnels qui récemment y ont éclaté; elle n'oublie pas que ses possessions d'outre-mer font partie du territoire national, et qu'il est de son intérêt et de son honneur de les conserver; forte et puissante comme elle est, il lui suffit de le vouloir.

Toutefois, la cause de ces mouvemens est connue. Une population esclave, et surtout la portion qui habite les villes, aspire à conquérir sa liberté; je dis conquérir, car le plus grand nombre est né dans l'esclavage.

Il faut gémir sans doute sur cet asservissement d'une partie de l'espèce humaine; un temps prochain viendra, je l'espère, où les noirs recouvreront, sans secousse et sans effusion de sang, la liberté naturelle, toujours imprescriptible; mais ne convient-il pas, cependant, de considérer s'il est politique, et s'il est même de l'intérêt de la population noire de nos colonies de proclamer immédiatement son affranchissement?

Je n'examinerai point si le gouvernement pourrait, sans indemnité préalable, violer le droit de propriété privée, en ordonnant une semblable mesure. Un intérêt plus élevé doit dominer l'examen de cette question.

Ah! ne redisons plus : *Périssent les colonies plutôt qu'un principe!* N'oublions pas que ce serait imprimer le sceau de la réprobation sur des milliers de blancs, sur des Français, sur des frères; et que ce serait livrer leurs têtes à la merci d'une population plus nombreuse, qui ne connaîtrait plus de frein.

La raison d'état, qui est toujours à considérer pour un bon citoyen, commande d'ailleurs la circonspection.

Les colonies offrent à la France, pour ses marchandises, un débouché important dont elle serait privée, si nos possessions d'outre-mer cessaient de faire partie du territoire de l'empire, car, il n'en faut point douter, l'affranchissement immédiat des nègres entraînerait la perte de nos colonies.

Je vais plus loin : j'admets qu'il n'en soit pas ainsi. Quel serait le sort de ces milliers de noirs, abandonnés à eux-mêmes, à demi sauvages et sans moyens d'existence? On dira sans doute que les colons seront obligés de louer les services des noirs pour la culture de leurs plantations; mais cette culture ne nécessite pas journellement les mêmes soins, ni la même quantité de bras. Les nègres auront passé seulement de l'esclavage à la domesticité, transition peu sensible; et, d'un autre côté, leur position deviendra précaire, et leur sort sera loin d'être amélioré. Que ne devra-t-on pas craindre de ces gens, que l'éducation n'a point encore éclairés, lorsque le besoin commandera chez eux?

Au contraire, que les lois intérieures des colonies soient modifiées; que l'instruction soit graduellement répandue parmi la population noire; que les affranchissemens soient favorisés; que des terres, encore incultes, et quelques secours pécuniaires, soient distribués aux nègres libres qui auront rendu des services publics dans les colonies, ou qui se feront remarquer pour des traits de courage, de dévoûment ou de vertu : bientôt alors il s'opérera un rapproche-ment dans la situation des diverses classes d'habitans, et l'émancipation des noirs pourra s'opérer utilement pour eux, sans danger pour les colons, et avec avantage même pour la métropole.

Ces réflexions préliminaires, commandées par l'état actuel des choses, conduisent naturellement à examiner l'état politique des colons et des hommes libres de couleur, ou mulâtres, nés de l'alliance des blancs et des nègres.

On sait qu'il existait aux colonies des statuts et des réglemens qui traçaient une ligne de séparation éternelle entre ces deux classes d'hommes. Cette barrière a disparu en grande partie aujourd'hui ; les mariages, les recon-naissances d'enfans naturels, etc., n'étant plus prohibés dans les colonies (1), entre les blancs et les hommes de couleur.

Cet heureux rapprochement entre des individus qu'unissent déjà les liens du sang, vient d'être cimenté par l'accord honorable qui les a dirigés, dans les derniers événemens des colonies, pour comprimer l'insurrection des noirs, qui les menaçait également.

Toute ligne de démarcation disparaîtra bientôt d'une manière complète ; mais la simple jouissance des droits civils ne suffit pas plus aux hommes de couleur qu'aux colons eux-mêmes.

Nous vivons à une époque où chacun veut participer plus ou moins immédiatement à l'exercice de la puissance publique. Cette tendance des esprits est de l'essence du régime constitutionnel.

______

(1) Ces statuts n'étaient obligatoires que dans les colonies ; car, en France, les colons et les hommes de couleur, quoiqu'ayant conservé leur domicile d'origine, cessaient d'être soumis à ces statuts. C'est ce qu'a décidé la Cour de cassation, section civile, par un arrêt de rejet, en date du 14 mars 1831.

Un gouvernement éclairé, qui connaît les nouveaux be-
soins du peuple, loin de froisser les opinions, doit en diri-
ger habilement l'essor pour les dominer. Cette vérité n'a
été malheureusement que trop souvent méconnue.

L'éducation politique a ses degrés ; elle se perfectionne,
et quand elle a fait de sensibles progrès, elle rend néces-
saires de nouvelles institutions ; mais ces institutions de-
viennent plus indispensables encore aux peuples, qui,
après en avoir été dotés, en ont été dépouillés arbitrairement.

Cet abus de pouvoir a été commis à l'égard des colonies
françaises : mais la jouissance des droits politiques ne saurait leur être ravie plus long-temps.

Le territoire de l'empire n'est point borné au sol euro-
péen, il comprend également nos possessions d'outre-mer.
Quiconque a vu le jour où flotte le drapeau de la France,
est Français, et peut réclamer l'exercice des droits que lui
confère cette qualité.

Pourquoi les colonies seraient-elles traitées plus défavora-
blement que la Corse, dont les habitans ne sont pas d'o-
rigine française, tandis qu'il n'en est point de même des
colons ?

Un coup-d'œil rapide jeté sur les premiers établissemens
de commerce formés dans nos différentes colonies, nous
apprendra que ceux qui les habitent, descendent de Français, nés sur le territoire continental.

Personne n'ignore que ces établissemens avaient pour
base la culture et le commerce des denrées que la métropole achèterait désavantageusement chez les nations étran-
gères.

Avant que le commerce des îles eût été rendu libre, plusieurs personnes se réunirent, formèrent des compagnies,
et obtinrent du gouvernement français la concession de di-

verses îles et pays d'outre-mer , et le privilége exclusif d'y faire le commerce.

Parmi les obligations imposées à ces compagnies, par les actes de concession , on remarque celle de ne faire passer dans leurs établissemens que des *naturels français*.

Les avantages immenses que procurait la culture des denrées coloniales attirèrent un nombre considérable de blancs dans les colonies, qui se peuplèrent ainsi en peu d'années.

L'île de Saint-Domingue , par exemple , dans la partie située depuis le Cap Tybéron jusqu'à la pointe du Cap Béate, ne comptait pas cent habitans en 1698 , quoiqu'elle ait plus de cinquante lieues de côtes , et trois lieues de profondeur, et qu'elle soit très-fertile.

Le gouvernement imposa à la compagnie qui obtint la concession de cette partie de l'île, l'obligation d'y faire passer 1,500 Européens , et 2,500 nègres pendant les cinq premières années de son établissement , et d'y transporter, chacune des vingt autres années , cent blancs et deux cents esclaves.

D'autres parties de l'île étaient exploitées par des Français non réunis en compagnie.

La population blanche s'était tellement accrue, qu'en 1789 , le nombre des colons qui votèrent pour la nomination des députés à envoyer aux états-généraux, était de 25,553 ; et encore , dans ce nombre , ne figurent ni ceux qui s'abstinrent de voter , ni les femmes , ni les enfans , ni les gens de couleur.

Plusieurs de ces compagnies de commerce prospérèrent à un tel point, qu'il leur fallut songer à gouverner les personnes que le désir de faire fortune avait fait émigrer dans les colonies. Elles obtinrent un privilége dont la nature même indique le degré d'importance auquel elles étaient parvenues. C'était celui de nommer un commandant général, des capitaines et des gens de guerre pour la défense des îles; et d'instituer des tribunaux pour y rendre la justice.

Le gouvernement leur abandonnait, de la sorte, le droit de souveraineté; mais il se réservait celui de révoquer les priviléges des compagnies.

Il usa de ce droit, à des époques différentes, vis-à-vis des diverses compagnies qui s'étaient formées; et depuis que la liberté du commerce a été proclamée dans les colonies, il nomma lui-même les gouverneurs et les officiers de justice, et ne prononça aucune exclusion contre les personnes nées dans les colonies, qu'il admettait également à occuper des emplois dans la métropole.

Ainsi, et indépendamment de l'origine française des colons, ils étaient considérés comme Français, par leur naissance sur une partie du sol national.

Qui donc oserait mettre en doute que des habitans des colonies françaises, transférant leur domicile dans la métropole, et réunissant, d'ailleurs, les conditions prescrites par les lois, seraient privés des droits politiques, et notamment du droit d'élire et de celui d'être élu? Personne assurément. Il y a plus; c'est que l'exercice de ce droit serait accordé sans distinction de couleur.

Cette concession faite, et il est impossible de s'en défendre, pourquoi leur refuser, dans les colonies, l'exercice d'un droit qui leur serait accordé en France?

Cette prétention inspirerait-elle des craintes par sa nouveauté?

Elle a déjà été jugée. Je vais le prouver, en traçant, en peu de mots, l'histoire *constitutionnelle* des colonies.

Lorsque les embarras survenus dans les finances placèrent Louis XVI dans la nécessité de convoquer les états-généraux du royaume, les habitans des colonies envoyèrent à Paris des députés pour les représenter.

Ceux de Saint-Domingue se rendirent les premiers à la séance des *Communes*. Ils y furent admis, *provisoirement*, le 8 juin 1789, en attendant la vérification de leurs pouvoirs.

A la séance du 13, les douze députés de Saint-Domingue déposèrent leurs pouvoirs, lors de l'appel des bailliages ; et ce qui démontre que postérieurement ils ne furent pas admis sans examen, c'est que l'on ajourna, jusqu'après la constitution de l'assemblée, la question du droit de députation, auquel prétendait la colonie de Saint-Domingue.

Les événemens politiques se succédaient avec rapidité. Déjà la majorité du clergé avait déclaré qu'elle se réunissait aux Communes.

Les députés de Saint-Domingue ne restèrent pas étrangers à la séance mémorable du 20 juin ; ils prêtèrent le célèbre serment du jeu de paume, et le marquis de Gouy-d'Arcy, l'un d'eux, déclara solennellement qu'il mettait cette colonie sous la protection de l'assemblée nationale.

Toutefois, si l'assemblée, dans plusieurs séances postérieures, fut *unanime* sur le droit de députation, elle n'était point fixée sur le nombre des députés à accorder aux colonies ; mais cette question n'était que secondaire.

Les uns réclamaient vingt députés, les autres douze. Legrand objectait que si l'on admettait vingt députés pour Saint-Domingue, la proportion, *pour les autres colonies,* élèverait leur députation à deux cents. Enfin, le 4 juillet, le nombre des députés de Saint-Domingue fut fixée à six, nonobstant les réclamations du marquis de Gouy-d'Arcy.

L'assemblée nationale sanctionna plus tard le droit de députation qu'elle avait reconnu aux colonies. Le 8 mars 1790, elle décrète que les colonies font partie de l'Empire français, et qu'elles émettront leur vœu sur la constitution, la législation et l'administration qui leur conviennent.

Le 27 juillet suivant, les pouvoirs de Guébert et de Curt,

représentans de la Guadeloupe, sont vérifiés ; et l'admission de ces députés est prononcée.

A la séance du 18 septembre, M. Grégoire annonce que les habitans de Pondichéry ont prêté le serment civique, et nommé des députés ; et, sur son rapport, l'assemblée décrète leur réception.

Les députés de la Martinique furent également admis. Dillon, l'un d'eux, porta la parole, dans la séance du 29 novembre, en faveur du gouverneur de cette île, que l'on accusait des troubles survenus dans les colonies des Antilles.

Il est important de remarquer que les députés, ainsi que les membres des assemblées coloniales qui les avaient nommés, étaient blancs, et qu'aucun homme de couleur n'avait été admis à voter ; mais ces derniers élevèrent de vives réclamations.

Dans ces circonstances, fut rendu, le 15 mai 1791, un décret, portant qu'il ne sera pas délibéré sur l'état politique des hommes de couleur, sans l'initiative des colonies ; mais que, quant à présent, ceux d'entre eux nés de pères et mères libres auront l'entrée aux assemblées coloniales.

Le lendemain, 16, les députés de Saint-Domingue, de la Guadeloupe et de la Martinique, par suite de ce décret, écrivent qu'ils croient devoir s'abstenir des séances de l'assemblée. Cette susceptibilité produisit peu d'effet. On passa à l'ordre du jour ; et, peu de jours après, deux députés de Saint-Domingue reparurent dans l'assemblée nationale.

Le 15 juin, l'assemblée rendit un décret relatif au mémoire en forme d'instruction pour les colonies, contenant un projet de constitution présenté à l'assemblée nationale, au nom des comités de constitution des colonies, de la marine, d'agriculture et de commerce.

Ce projet de constitution devait être soumis à l'examen

des assemblées coloniales. C'est ce qui motive cette disposition de la constitution du 3 septembre 1791 :

« Les colonies et possessions françaises dans l'Asie, l'Afrique » et l'Amérique, quoiqu'elles fassent partie de l'Empire fran- » çais, ne sont pas comprises dans la présente constitution. »

Toutefois, l'article 1er, chapitre 1er du titre III de la constitution de 1791, qui fixe le nombre des députés des départemens, porte : « *Indépendamment de ceux qui pourraient être accordés aux colonies.* »

Des troubles ont lieu dans les colonies. Tarbé, dans la séance du 29 février 1792, fait un rapport sur la situation de Saint-Domingue, et, à cette occasion, Brissot n'hésite pas à proclamer que la cause des troubles des colonies était évidemment le refus fait aux hommes libres de couleur de les admettre aux assemblées primaires.

Cette vérité fut bientôt reconnue ; car, le 24 mars suivant, l'assemblée décréta, sur la proposition de Vergniaud, que *les mulâtres et nègres libres jouiraient des mêmes droits que les blancs.*

Ce décret fut confirmé par un autre du 22 août, portant que *tous les citoyens libres, de quelque état, condition, ou couleur qu'ils soient,* domiciliés depuis un an dans les colonies, à l'exception de ceux qui sont en état de domesticité, *procéderont à l'élection des députés.*

Ce décret du 22 août accorde aux colonies le nombre de députés suivant : A Saint-Domingue, 18 ; à la Guadeloupe, 4 ; à la Martinique, 3 ; à Sainte-Lucie, 1 ; à Tabago, 1 ; à Cayenne et à la Guyane, 1 ; à Bourbon, 2 ; à l'Ile-de-France, 2 ; et aux possessions dans l'Inde, 2. Il détermine, en outre, le nombre des députés suppléans que chaque colonie aurait le droit de nommer.

Les assemblées primaires sont convoquées en exécution de ce décret, et procèdent aux élections ; et le 15 septembre

1793, les députés de la Martinique et de la Guadeloupe sont admis à la convention nationale, où siégèrent des *hommes de couleur,* en qualité de députés.

Jusqu'alors les colonies avaient été régies, quant aux droits politiques, par des décrets spéciaux. Elles n'étaient point comprises dans la constitution de 1791, ni dans celle de 1793. Il n'en fut pas de même en 1795. La constitution du 5 fructidor an III, a proclamé les principes dont je réclame aujourd'hui l'application.

L'article 6 porte :

« Les colonies françaises sont parties *intégrantes* de la » République, et sont soumises à la même loi constitu- » tionnelle. »

L'article 7 est ainsi conçu :

» Elles sont divisées en départemens, ainsi qu'il suit :

« L'île de Saint-Domingue, dont le Corps-Législatif dé- » terminera la division en quatre départemens au moins, et » six au plus ;

» La Guadeloupe, Marie-Galande, la Désirade, les » Saintes, et la partie française de Saint-Martin ;

» La Martinique ;

» La Guyane française et Cayenne ;

» Sainte-Lucie et Tabago ;

» L'Ile de France, les Seychelles, Rodrigue, et les éta- » blissemens de Madagascar ;

» L'île de la Réunion ;

» Les Indes orientales, Pondichéry, Chandernagor, » Mahé, Karical, et autres établissemens. »

Par l'article 314, il était dit : « Le Corps-Législatif déter- » minera les contributions des colonies et leurs rapports » commerciaux avec la métropole. »

La constitution de l'an III (22 août 1795) reçut son exé- cution dans les colonies.

Le 6 juin 1798 (18 prairial an VI), Vergniaud est admis comme député de Saint-Domingue ; et, le 29 messidor an VII (17 juillet 1799), les opérations de l'assemblée électorale de la Guyane sont annulées, comme ayant été influencées par Jeannet, dont la nomination fut en conséquence déclarée nulle.

C'est après avoir joui pendant dix ans du droit de députation, que les colonies en furent privées.

Le 18 brumaire an VIII, par suite d'un mouvement politique, le Directoire et la constitution de l'an III furent renversés, et le Consulat fut substitué à tous deux. Trois consuls provisoires furent nommés ; et le 22 frimaire suivant, ils publièrent une nouvelle constitution, dont l'article 91 porte :

« Le régime des colonies françaises est déterminé par des » lois spéciales. »

Ainsi, voilà les colonies arbitrairement privées du droit de députation ; mais cette mesure paraissait n'être que temporaire ; car, d'après un décret du 30 floréal an X, le temps pendant lequel le régime des colonies devait être soumis aux réglemens faits par le Gouvernement, était limité à dix ans.

On était d'autant plus autorisé à penser que cet état de choses exceptionnel ne serait pas de longue durée, que l'article 54 du sénatus-consulte organique du 16 thermidor an X (4 août 1802) porte que le sénat règle *la constitution des colonies.*

Le sénatus-consulte du 28 floréal an XII, qui a substitué la dignité impériale à celle de consul à vie, a gardé le silence sur la législation coloniale.

L'état politique des colons n'a pas été davantage amélioré par la charte de 1814, dont l'article 73 porte que les colonies seront régies par des lois et des réglemens particuliers.

Les mêmes dispositions ont été consacrées par la Charte de 1830, à la différence que l'on a supprimé le mot *réglemens;* amélioration bien peu sensible quant au régime intérieur des colonies, et qui ne touche en rien au droit politique.

N'est-il pas temps, enfin, de resserrer les liens qui doivent unir les habitans des colonies à ceux de la métropole? S'ils ont déjà été jugés dignes du droit d'élection, et en ont joui depuis 1789 jusqu'en 1799, et si plusieurs de leur députés se sont fait remarquer par leurs lumières et leur éloquence, pourquoi seraient-ils regardés, aujourd'hui que la civilisation a fait de sensibles progrès, comme indignes de l'exercice des droits de citoyens?

Ce système, qui tend à placer les colonies dans un état exceptionnel, a de graves dangers; car il ne peut que déterminer les habitans de nos possessions d'outre-mer à s'affranchir d'une autorité qui pèse sur eux, sans qu'ils en retirent aucun avantage.

Peut-on croire en outre, sans blesser la raison, qu'un Français, né sur le territoire continental, qui jouit en France des droits d'élection et d'éligibilité, s'en trouve tout à coup privé, lorsqu'il met le pied sur le sol colonial, et y fixe son domicile?

C'est évidemment violer les lois concernant la capacité des citoyens.

Cet état de choses est d'ailleurs illégal. En effet, la constitution de 1795, a été renversée par la violence, et celle qui lui fût substituée n'a jamais été ratifiée par les colonie.

Une loi du 23 frimaire an VIII, a réglé, il est vrai, la manière dont la constitution nouvelle serait présentée à l'acceptation du peuple français; et il résulte de la proclamation des consuls, du 18 pluviose an VIII (7 février 1800), que cette constitution fut acceptée ; mais on ne saurait nier que les départemens de la France ont seuls été appelés à émettre leur vœu, et qu'il n'en a pas été de même des colonies ; et, enfin, que si la ratification des départemens a pu sanctionner les changemens apportés dans l'organisation politique de la France, cette ratification ne peut préjudicier aux habitans des colonies. N'eût-t-il pas été dérisoire, d'ailleurs, de les appeler à légitimer par un vote qui n'aurait point été libre, leur dégradation du titre et des droits de citoyens français ?

Que des lois particulières, relatives aux intérêts privés, modifient, dans les colonies, le droit commun, cela se conçoit ; que même, par suite de la différence dans la fixation de l'impôt, quelques modifications aient lieu dans l'exercice du droit électoral, cela est admissible jusqu'à un certain point ; mais que l'on prive des hommes libres, par cela seul qu'ils n'habitent point la métropole, du droit de concourir au vote des lois qui doivent les régir, c'est une force majeure contre laquelle il faut protester.

Il est de l'intérêt général, que tous les habitans du territoire national soient représentés, et qu'ils apportent, dans les délibérations des chambres, le tribut de leurs lumières pour le bonheur commun.

Le gouvernement est convaincu aujourd'hui qu'il est indispensable pour la conservation des colonies, de rapprocher les colons des hommes de couleur. Il reconnaîtra aisément qu'il faut aussi les attacher tous à la mère-patrie, et qu'il ne le fera jamais plus sûrement que par la fusion des intérêts.